MÉMOIRE

SUR

LA COMPOSITION CHIMIQUE DES MOLLUSQUES

considérée dans ses rapports avec leur emploi médical,

Par Eug. FOURNIER, pharmacien de 1re classe,

MEMBRE DE LA SOCIÉTÉ GÉOLOGIQUE DE FRANCE, SECRÉTAIRE GÉNÉRAL DE LA
SOCIÉTÉ DE PRÉVOYANCE DES PHARMACIENS DE LA SEINE, ETC.

Ce Mémoire, présenté à l'Académie impériale de Médecine, a reçu, sur le rapport
de M. le professeur Moquin-Tandon, la haute approbation de cette
savante Société. (Séance du 25 janvier.)

PARIS

CHEZ LABÉ, LIBRAIRE DE LA FACULTÉ DE MÉDECINE

PLACE DE L'ÉCOLE-DE-MÉDECINE.

1859

MÉMOIRE

SUR

LA COMPOSITION CHIMIQUE DES MOLLUSQUES

considérée dans ses rapports avec leur emploi médical,

Par Eug. FOURNIER, pharmacien de 1re classe,

MEMBRE DE LA SOCIÉTÉ GÉOLOGIQUE DE FRANCE, SECRÉTAIRE GÉNÉRAL DE LA SOCIÉTÉ DE PRÉVOYANCE DES PHARMACIENS DE LA SEINE, ETC.

Historique. — L'emploi des mollusques en médecine date de loin, puisqu'il aurait été un fait déjà vulgaire au temps de Pline et de Dioscoride. Les espèces usitées dès lors paraîtraient être le limaçon de vigne et plusieurs de ses congénères terrestres, aujourd'hui encore recherchés en France, en Italie et en Espagne, soit comme agent thérapeutique, soit comme matière alimentaire. On sait d'ailleurs, sous ce dernier rapport, que les Romains estimaient singulièrement les escargots, qu'ils recherchaient comme un mets délicat à l'égal de celui fourni par les murènes; aussi en faisaient-ils élever dans des parcs destinés à cet effet, où on les nourrissait avec infiniment de soins pour développer leur volume, qui finissait par être considérable, et pour accroître la délicatesse de leur chair.

Ce parquage pratiqué par les Romains, au point de vue de l'aliment, m'a semblé devoir offrir d'incontestables avantages au point de vue de la thérapeutique. Aussi n'ai-je pas hésité à me livrer à des recherches dans cette direction.

Ce qu'on sait jusqu'à présent de la matière chimico-médicale des mollusques se rapporte exclusivement aux limaçons terrestres, seuls usités jusqu'à ces derniers temps, et se réduit à quelques données, utiles sans doute, mais encore incomplètes.

Les points qu'il m'a paru nécessaire d'élucider, dans l'intérêt de la thérapeutique, sont les suivants :

1° Quels sont, dans les mollusques usités, les principes auxquels peut être rapportée leur efficacité médicale.

1859

2° Rechercher par des analyses comparatives, portant sur l'ensemble de la classe, les espèces qui, par suite d'une aptitude particulière d'assimilation ou d'habitudes spéciales, offrent le plus de principes médicamenteux, et qui dès lors méritent la préférence.

Un troisième sujet de recherches indiqué, je l'ai dit plus haut, par la pratique des Romains, est le suivant :

3° De l'influence, dans des conditions naturelles ou artificielles, du parquage sur la composition des mollusques.

4° Quelles sont les formes pharmaceutiques les mieux appropriées, en raison de leur composition variée, aux divers mollusques, au double point de vue de l'efficacité et du goût.

Mais, avant d'aborder ces divers points de mes recherches, je dois rappeler brièvement ce qu'on sait de la composition de quelques *Helix* employés en médecine.

On doit à M. Soubeiran les données numériques relatives à la portion utilisable du limaçon des vignes et de celui des jardins :

1° *Helix pomatia*.

100 animaux de cette espèce pèsent, avec leur coquille, 2,000 gr.,
qui se décomposent ainsi { coquilles et intestins, 1,400 gr.
{ chair, 600 gr.

2° *Helix hortensis*.

100 animaux pèsent 760 grammes, qui se composent
de : { coquilles et intestins, 484.
{ chair, 276.

M. Soubeiran fait remarquer que ces divers limaçons contiennent un principe mucilagineux qui doit se rapprocher de la gélatine et du mucus, et que c'est à ce mucilage que se rapporte leur emploi comme adoucissant (1).

M. Oscar Figuier, qui a extrait du limaçon une huile odorante sulfurée, soluble dans l'éther, attribue à ce principe, qu'il nomme *hélicine*, une partie de l'action efficace de ce mollusque dans les maladies des voies respiratoires (2).

Dans ces derniers temps, M. Frémy, membre de l'Institut, a isolé la taurine, autre principe très-sulfuré du limaçon. On savait d'ailleurs que le limaçon noircit les vases d'argent dans lesquels on le

---

(1) *Traité de Pharmacie*, t. II, p. 251, 1re édttion, et p. 204, 2me édition.

(2) Nous devons dire que ce principe n'a rien de commun avec certains produits informes faussement désignés sous ce nom [N. du R.] (MONITEUR DES SCIENCES MÉDICALES ET PHARMACEUTIQUES.)

fait cuire, et que, par conséquent, il contient un principe sulfuré facilement décomposable, propriété éminemment favorable à l'action physiologique de ce corps.

On voit par là qu'il y a à tenir grand compte, dans les recherches faites au point de vue des applications, de la prépondérance du soufre dans tels mollusques plutôt que chez tels autres ; et, dès à présent, je peux dire par anticipation que les limaçons terrestres actuellement usités n'occuperont pas à cet égard le premier rang.

C'est sous la forme de sirop que les limaçons étaient exclusivement usités ; M. Boudet (1) a conseillé de préparer ce sirop avec le vin blanc pour véhicule ; mais M. Guibourt (2) a fait observer que le vin blanc n'est pas nécessaire pour clarifier et conserver le sirop ; que, de plus, il est contr'indiqué dans les maladies de la poitrine, en raison de ses qualités excitantes.

La thérapeutique n'avait longtemps demandé aux limaçons que les principes solubles : M. Figuier a tenté d'introduire dans l'emploi médical la chair musculaire elle-même de l'animal, qu'il fait pulvériser avec du sucre. Mais ce produit, auquel certains pharmaciens donnent à tort le nom d'*hélicine*, que doit seule porter l'huile sulfurée, est une mauvaise préparation, insoluble en partie et d'une assimilation difficile, à cause de l'état corné que prend la chair musculaire par le fait de la dessiccation.

Je rappellerai, à la fin de ce travail, les diverses formules successivement proposées pour l'emploi médical des mollusques, et je ferai connaître celles auxquelles la préférence doit être donnée.

J'aurai alors : 1° A apprécier le principe même des opérations qui amènent le médicament à ses diverses formes ;

2° A appliquer ces opérations aux formules dont feront seules la base celles des espèces que leur composition chimique aura signalées comme offrant au plus haut point les substances auxquelles doivent être rapportées leurs propriétés médicales.

Premier point : Quelles sont, dans les mollusques usités, les matières auxquelles ils doivent leur valeur thérapeutique ?

Trois corps principaux, le mucilage, le soufre et l'iode, font partie des mollusques, et doivent, suivant qu'ils sont plus ou moins abondants, les deux derniers surtout, décider de la préférence à accorder aux diverses espèces. Quant à la chair musculaire, je démontrerai tout à l'heure qu'elle n'est pas plus un aliment qu'un médicament.

(1) *Bulletin de Pharmacie.*
(2) *Pharmacopée raisonnée.*

Doué de qualités éminemment adoucissantes, le *mucilage* est la matière à laquelle ont été tout d'abord rapportés les heureux effets obtenus par l'emploi des mollusques dans un certain nombre de maladies, parmi lesquelles les affections de l'appareil respiratoire tiennent la première place ; mais le mucilage étant toujours accompagné, dans les circonstances où on l'emploie, des autres principes solubles qui font avec lui partie des mollusques, il est bien évident que l'un avait tout d'abord grossi son actif de tout l'effet que peuvent avoir ces derniers. Or, deux d'entre eux, le soufre et l'iode, viennent justement revendiquer, pour leur propre compte, une part importante dans l'effet total.

Les bons effets du soufre dans les maladies de poitrine, toutes les fois qu'il est engagé dans des combinaisons naturelles facilement destructibles par l'économie animale, sont depuis longtemps incontestés. Or, ce corps simple se présentant justement dans la taurine des mollusques à l'état assimilable ou actif, on voit qu'il ne peut être négligé dans les dosages ayant pour objet d'apprécier la valeur comparative des espèces.

Quant à l'iode, cette conquête, l'une des plus précieuses de la médecine moderne, la part qui doit lui être faite dans les effets thérapeutiques des mollusques résulte de sa découverte dans ces animaux par M. le professeur Chatin. Ce savant chimiste, dont les travaux tiennent aujourd'hui une si grande place dans l'histoire de l'iode, ne démontre pas seulement que ce principe fait partie des mollusques, il indique encore, et nous nous hâtons de dire que là est le point de départ des présentes recherches, que la proportion de l'iode varie suivant les espèces, et est toujours plus forte dans celles qui habitent les eaux que dans les espèces qui vivent sur la terre même.

Le phosphore fait-il partie des mollusques ? M. Frémy et d'autres observateurs l'ont inutilement recherché dans les espèces terrestres, résultat auquel j'ai été conduit de mon côté. Mais si, au lieu de borner ses études à ces dernières, on les étend aux mollusques qui vivent dans les eaux, on le trouve chez elles en proportion très-appréciable.

J'ai constaté pour la première fois la présence du phosphore en opérant sur une masse considérable de limnées, dont je détruisais toutes les parties solubles (préalablement concentrées) à l'aide de l'acide azotique, afin de transformer le phosphore en acide phosphorique. Mais le résultat est plus probant et surtout plus infaillible en n'opérant que sur le système nerveux des animaux. Pour cet objet, on enlève à un nombre suffisant (de 100 à 200) de limnées les ganglions thoraciques et cervicaux, ainsi que, si c'est possible, les cordons nerveux qui en partent ; puis on traite par l'acide azotique bouillant, etc. Il est extrêmement probable que les masses nerveuses des *Helix* renferment aussi du phosphore, et que les résultats négatifs obtenus tiennent uniquement à ce que ce corps n'y existe qu'en minime proportion.

Je n'ai pas constaté avec certitude la présence du phosphore dans les coquilles des mollusques, pas plus dans celles des gastéropodes (*Helix limnea, paludina, planorbis*), que dans celle des acéphales fluviatiles (*Unio*), ou marines (*Ostrea mytilus*).

La *chair musculaire* des *Helix limnea*, etc., peut-elle être considérée comme médicament ou du moins comme aliment médicamenteux? On peut aisément, par les considérations suivantes, donner la preuve du contraire.

Et, d'abord, à quel titre cette chair serait-elle un agent médicamenteux? Ce n'est certainement pas par la masse fibrineuse elle-môme, dans laquelle on ne compte ni iode, qui existe tout entier à l'état de combinaison soluble et suit le mucilage, ni phosphore, qui ne se trouve en proportion notable que dans l'appareil nerveux, et est entraîné avec le mucilage dans l'émulsion qui se forme lorsqu'on bat ou triture les mollusques préalablement divisés avec de l'eau. Ce n'est évidemment pas non plus par le soufre, dont la portion principale et attaquable ou active se trouve tout entière dans la taurine et les autres matières enlevées par le broyage de l'animal avec le sucre. Il ne reste, en réalité, dans les muscles des mollusques qu'une petite proportion de soufre, mais dans une combinaison identique à celle où ce dernier se trouve dans le gluten des céréales, dans l'albumine, dans le caséum, dans les muscles des animaux de boucherie, etc., toutes matières dans lesquelles il ne viendra jamais à l'esprit de personne de supposer qu'il agit comme soufre.

La chair des mollusques est-elle un aliment? Non, pour trois raisons que voici: 1° la trop minime quantité qu'on pourrait en faire prendre, comme quelques-uns ont tenté de le faire, sous forme et à dose médicamenteuse; 2° l'insolubilité que cette chair acquiert dans l'acte de la dessiccation, opération nécessaire quand on veut conserver les matières animalisées, même un temps très-court; 3° enfin l'absence dans la chair des mollusques des principes qui accompagnent les matières animales réellement analeptiques. On sait, en effet, par les belles recherches de MM. Chevreul, Berzelius, Gmelin, Fremy, que la chair des animaux les plus recherchés pour leurs qualités analeptiques contient de l'acide inosique, matière azotée qui possède une délicieuse odeur de bouillon, de la créatine et de la créatinine susceptibles de donner à l'ébullition des produits ammoniacaux d'un arome agréable et doucement excitants, de l'inosine (trouvée jusqu'à ce jour seulement dans les muscles du cœur), un principe volatil à odeur d'ambre, des matières extractives et du phosphate acide de chaux et de magnésie, toutes matières autrefois réunies et confondues sous le nom d'*osmazôme*. On sait, d'autre part, surtout par les travaux de MM. Fremy et Valenciennes, que la chair des mollusques ne contient ni phosphate, ni créatine, ni créatinine, mais au contraire la taurine, l'asparagine animale ou biliaire de Gmelin, cette matière qui contient jusqu'à 26 pour cent de son poids de soufre, et qui, très-soluble dans l'eau, abandonne complétement leur chair pour suivre avec l'huile grasse le mucilage qui dissout l'une et émulsionne l'autre. Ainsi donc, à quelque point de vue qu'on se place, la chair proprement dite des mollusques n'a pas, en propre, plus de qualités alimentaires que de propriétés médicamenteuses, et l'on doit regarder le mucilage sulfo-azoté qui entraîne tous les principes solubles comme la seule partie utile au point de vue de la thérapeutique; ce mucilage peut même convenir comme doux analeptique dans certains états morbides.

C'est donc encore exclusivement aux principes solubles des mollusques que l'on doit s'adresser pour avoir des produits réparateurs et pour les avoir sous une forme convenable; il faudra choisir le saccharolé qui remplit toutes les conditions de concentration et de longue conservation.

Deuxième point. — Recherches comparatives des principes médicamenteux dans les divers *mollusques*.

Jusqu'à ces derniers temps on s'accordait à penser que le limaçon de vigne (*Helix pomatia*) et le petit escargot de jardins (*Helix hortensis*) fournissaient seuls aux besoins de la médecine et à la consommation alimentaire; mais M. le professeur Moquin-Tondon, qui n'est pas moins savant molacologue que botaniste, et à qui la science doit, sur les mollusques de France, un grand et magnifique ouvrage qui a laissé bien loin en arrière celui de Draparnaud, a fait connaître qu'aux précédents on substitue, en plusieurs pays, d'autres espèces ayant d'ailleurs une organisation et un mode de vie fort semblables. C'est ainsi qu'on emploie, dans le nord, en même temps que le limaçon de vigne (*Helix pomatia*), l'escargot *chagriné* (*Helix aspersa*) et l'espèce nommée lalivrée (*Helix nemoralis*); dans le midi, la *mourqueta* (*Helix vermiculata*), des paysans de Montpellier; l'*Helix aspersa* qui appartient aussi à la zone du nord; les *Helix melanos toma* et *aperta*, qu'en Provence on préfère à tous les autres.

Enfin on a recours, en divers lieux de la France, soit comme médicament ou aliment, aux espèces suivantes, que leur petite taille rapproche pour la plupart de l'*Helix hortensis : Helix arbustorum, H. cupitum, H. pisana, H. variabilis,* et sans aucun doute, à quelques autres espèces du grand genre *Helix,* parmi lesquelles l'*H. fruticum* et l'*H. carthusiana*. En dehors de ce genre, M. Moquin-Tandon signale le *Zonites algirus*, commun en Provence, où il est connu sous le nom d'*Helix peson*. Le genre *Zonites* est d'ailleurs très-voisin de l'*Helix* dont il a été détaché par Denys de Montfort, pour comprendre les espèces déprimées, planorbiques, ombiliquées et à péristôme tranchant.

Tous les mollusques que je viens de nommer sont terrestres. Or, les travaux de M. Chatin ayant fait connaître que deux des principes auxquels doit être rapportée une grande part dans les bons effets médicaux obtenus par l'emploi des mollusques, savoir, l'iode et le soufre, existent en proportion plus grande dans certaines espèces aquatiques que chez les espèces terrestres, j'ai dû comprendre celles-là dans mes recherches. Voici d'ailleurs comment s'exprime sur ce sujet M. le docteur Chatin, dans l'un des beaux mémoires qu'il a lus à l'Institut, sur l'existence de l'iode dans les corps naturels :

« Quant au règne animal, j'ai établi la présence de l'iode dans les
« diverses classes qui le composent, et une longue série de recher-
« ches poursuivies dans une grande partie de l'Europe m'a conduit
« à reconnaître la nécessité, pour l'homme, de puiser dans le milieu
« où il vit une certaine somme d'iode que doivent lui fournir l'air,
« l'eau et les produits du sol.

« Or, de même que les plantes aquatiques sont plus iodurées que
« les plantes terrestres, de même, et c'est là un fait dont la méde-
« cine ne saurait manquer de faire son profit, les animaux d'une
« même classe sont plus iodurés quand ils vivent au sein des eaux
« que lorsqu'ils habitent la surface du sol. Aussi ne saurait-on
« douter, par exemple, qu'un jour les Paludines et les Limnées, ri-
« ches d'ailleurs en principes sulfurés, ne prennent en thérapeutique
« un rang prépondérant dans les divers cas où les mollusques sont
« usités. On ne devra pas alors perdre de vue cette circonstance,
« *qu'il y a proportionnalité entre l'iode des eaux et celui des animaux*
« *qui vivent dans ces eaux.* »

Les substances que, d'après tout ce qui précède, j'avais à étudier comparativement dans les mollusques pour éclairer l'histoire thérapeutique de ces derniers, sont donc en définitive le *mucilage*, l'*iode*, le *soufre*, le *phosphore*.

§ I. — *Mucilage* (1).

D'après l'ensemble ou la moyenne des résultats, les espèces aux-quelles j'ai étendu mes recherches se placent ainsi dans l'ordre dé-croissant de leur richesse en mucilage :

Paludines.
{ Paludina vivipara, Lamk. } Gastéropodes fluviatiles.
{ P. achatina, Lamk. }

Escargots.
{ Helix pomatia, Lin.
{ H. aspersa, Mull.
{ H. nemoralis, Lin. } Gastéropodes terrestres.
{ H. hortensis, Mull.

Toutes les espèces qui précèdent se suivent de près :

Limnées.
{ Limnea stagnalis, Lin.
{ L. palustris, Lin.
{ L. auricularia, Lin. } Gastéropodes fluviatiles.
{ L. ovata, Drap.
Planorbes. — Planorbis corneus, Lin.

Anodonta anatina, Lin. } Acéphales fluviatiles.
Unio littoralis, Lin.

Sèche. — Sepia officinalis, Lin. Céphalopode marin.
Huître. — Ostrea edulis, Lin.
Moule. — mytilus edulis, Lin. } Acéphales marins.
Peigne. — Pecten maximus, Lin.

Les résultats généraux sont:

1° Que le mucilage est plus abondant dans les Gastéropodes que chez les Acéphales ;

2° Que ce corps existe en forte proportion dans les Paludines, après lesquelles viennent les Escargots et les Limnées.

(1) Le mucilage peut être obtenu pur et dosé en battant à plu-sieurs reprises, dans deux fois son poids d'eau, la chair des mollus-ques très-finement incisée, exprimant fortement, mêlant le produit avec partie égale d'alcool à 40 degrés, recueillant le mucilage sur un filtre préalablement lavé, et séchant à 100 degrés jusqu'à cessa-tion de perte de poids. Je n'ai pas eu d'ailleurs la prétention de faire des dosages absolus, mais seulement d'obtenir des données compa-ratives, ce qui suffisait à l'objet que j'avais en vue.

§ II. — *Iode.*

La recherche de l'iode dans les matières animalisées offre des difficultés de plus d'un genre ; aussi mes tentatives à cet égard n'ont-elles été suivies de succès que lorsque j'ai pu les diriger d'après les conseils de M. le professeur Chatin, à qui l'on ne s'adresse jamais en vain sur un sujet qui, pendant de longues années, a été étudié par lui avec cette ardeur qu'inspire seule la prévision d'arriver à des résultats utiles.

L'iode des matières animales, et en particulier celui des mollusques, est à un état de combinaison intime qui ne permet pas aux réactifs de le déceler avant que les matières n'aient au préalable été détruites ; on comprend d'ailleurs que cet état particulier de l'iode soit une circonstance éminemment favorable à son action physiologique.

L'iode des mollusques accompagne leurs principes solubles ; les muscles bien lavés n'en retiennent pas.

Si l'on chauffe et calcine, pour les décomposer, les principes solubles des mollusques, on ne trouve que peu ou pas d'iode dans le résidu salin ; fait-on l'opération en vase clos, en ayant la précaution de recueillir les produits volatils dans un ballon dont les parois ont été mouillées d'une faible proportion de carbonate de potasse pur, on trouve l'iode dans le ballon lui-même. Donc, pour la recherche de l'iode dans les matières animales, comme pour celle de ce corps dans les eaux très-salines, l'eau de mer, etc., au besoin acidulées, la distillation fournit un bon moyen d'obtenir l'iode.

On peut cependant retirer tout l'iode des mollusques par leur calcination à l'air ; mais alors il faut préalablement les additionner d'une certaine quantité de carbonate de potasse, privé d'iode, bien entendu. Par là, l'iode est fixé dans les cendres, qu'il suffit alors de traiter par l'alcool à 95 degrés pour l'enlever à l'état d'iodure de potassium. Il ne reste plus qu'à évaporer à siccité, à calciner, pour détruire un peu de matière organique qui reste souvent ou que l'alcool a fourni, à reprendre par un peu d'eau distillée, et à mettre en contact avec le chlorure de palladium, l'amidon et le chlore, ou mieux, avec les acides azotique, sulfurique, chlorhydrique, pour avoir la réaction caractéristique et apprécier comparativement la richesse en iode de chaque mollusque, soit qu'alors on compare ces réactions entre elles ou qu'on les rapporte à celles fournies par des solutions titrées d'iodure de potassium.

On peut aussi apprécier la quantité d'iode par le procédé de MM. Henry fils et Humbert. Ce procédé, fondé sur la production d'un cyanure d'iode cristallisé, est sensible, mais demande une plus grande habitude et d'extrêmes précautions pour ne pas introduire dans les résultats de l'iode fourni par les matières qui font partie du procédé. Mon opinion, conforme à celle que m'a exprimée M. Chatin, est que cette méthode ne donne pas autant de garanties que l'ancienne, quant à la pureté des réactifs ; il me paraîtrait toutefois possible de combiner les procédés anciens ou nouveaux, dont tout l'avantage consiste, selon moi, en ce qu'ils dispensent d'évaporer les liquides qui contiennent peu d'iode. Alors on opérerait ainsi : précipitation par le nitrate d'argent des liquides supposés iodofères, décomposition des iodures du précipité par un excès de chlore ; addition de potasse privée d'iode, dessiccation reprise par l'alcool, calcination et application des réactifs ; toutefois, je ne vois pas pourquoi on ne précipiterait pas par le chlorure de palladium, comme l'a conseillé M. O. Henry père, pour reprendre à l'ébullition par un peu de carbonate de potasse, etc. Mais l'iode en proportions infinitésimales est-il bien précipité, soit par les sels d'argent, soit par ceux de palladium? Les doutes que je conserve à cet égard m'ont fait me tenir, dans ce travail, au procédé que j'ai indiqué plus haut.

Après ces détails de procédés, détails dans lesquels j'ai cru devoir entrer pour rassurer les personnes qui savent toutes les causes d'erreur et les difficultés dont sont entourées les recherches de petites quantités d'iode, il ne me reste qu'à classer, au point de vue de leur richesse en iode, les mollusques qui ont fait le sujet de mes recherches.

Le tableau suivant les range dans l'ordre de cette richesse décroissante :

Sèche. —	Sepia officinalis,	Lin.	Céphalopodes marins.
Limnée.	Limnea stagnalis,	Lin.	
	L. palustris,	Lin.	
	L. ovata,	Drap.	Gastéropodes fluviatiles.
Paludine.	Paludina vivipara,	Lamk.	
	P. achatina,	Lamk.	
Planorbe.	Planorbis corneus,	Lin.	
Huître.	Ostrea edulis,	Lin.	Acéphales marins.
	Anodonta anatina,	Lin.	
	Unio littoralis,	Cuv.	Acéphales fluviatiles.
	Cyclus rivalis,	Mull.	

Escargots,
$\left\{\begin{array}{lll}\text{Helix nemoralis,} & \text{Lin.} \\ \text{H.} \quad \text{aspersa,} & \text{Mull.} \\ \text{H.} \quad \text{pomatia,} & \text{Lin.} \\ \text{H.} \quad \text{hortensis,} & \text{Mull.}\end{array}\right\}$ Gastéropodes terrestres.

Les espèces ci-dessus peuvent être rapprochées en trois groupes quant à l'habitat, savoir :

1° Les espèces marines.
$\left\{\begin{array}{l}\text{Sepia officinalis.} \\ \text{Mytilus edulis.} \\ \text{Ostrea edulis.}\end{array}\right.$

2° Les espèces d'eau douce.
$\left\{\begin{array}{l}\text{Limneæ.} \\ \text{Paludinæ.} \\ \text{Planorbis corneus.} \\ \text{Anodonta anatina.} \\ \text{Unio littoralis.} \\ \text{Cyclus rivalis.}\end{array}\right.$

3° Les espèces terrestres.
$\left\{\begin{array}{l}\text{Limax cinereus.} \\ \text{Helix aspersa, etc.}\end{array}\right.$

Or, on voit qu'au point de vue de l'habitat, les mollusques occupent trois rangs, savoir :

1° Les mollusques marins;

2° Les mollusques d'eau douce;

3° Les mollusques terrestres.

Un mollusque marin, l'huître, prend rang toutefois entre les espèces fluviatiles et les espèces terrestres; mais cette exception paraît tenir, au moins en partie, au parquage que les individus examinés avaient subi.

Quant aux animaux de même habitat, mais d'ordres différents, il résulterait du rang qu'occupent les sèches, les limnées, paludines et planorbes, par rapport aux unios, etc., que les céphalopodes et les gastéropodes assimilent plus d'iode que les acéphales.

Quant à la proportion d'iode renfermée dans les mollusques examinés, elle se trouve comprise entre 10 centig. pour 100 grammes dans les plus riches, et 1 centigr. pour 200 grammes dans les plus pauvres.

§ 3. — *Soufre.*

Le soufre a été apprécié comparativement en décomposant par l'eau régale un poids donné de mucilage réuni aux autres matières iodées, à l'eau et à l'alcool, transformant par là le soufre en acide sulfurique, et dosant ce dernier à l'état de sulfate de baryte. Par ce procédé aussi simple et f.cile qu'il est sûr, je suis arrivé à classer comme il suit les mollusques, d'après leur richesse décroissante en soufre :

> Limnées,
> Paludines,
> Limaçons de jardin,
> Gros limaçons de vigne, de bois, etc.,
> Sèches.
> Huîtres,
> Moule marine,
> Moule des étangs.

D'où l'on voit que les plus riches en soufre sont les gastéropodes d'eau douce, puis les gastéropodes terrestres, et les céphalopodes marins, enfin les acéphales marines et fluviatiles.

Inutile de dire que, pour ces recherches, je me suis efforcé de rendre les résultats les plus comparables possible entre les mollusques terrestres et les espèces fluviatiles, en les prenant dans une même localité des environs de Paris. Dans la partie de ce travail consacrée au parquage, je m'occuperai de quelques faits nouveaux relatifs à l'iode et au soufre.

§ 4. — *Phosphore.*

Tandis que les os des animaux vertébrés sont, pour la plus grande partie, formés de phosphate, les coquilles des limnées, des *Helix, Ostrea, Mytilus,* l'os des sèches, etc., ne contiennent que des traces de ce corps, lequel manque encore ou n'existe qu'en quantité inappréciable dans la chair des animaux ; mais j'ai pu constater facilement sa présence, ainsi que je l'ai dit, dans les ganglions nerveux des gastéropodes, dans ceux, notamment, des limnées et des paludines. Le phosphore du tissu nerveux est entraîné dans l'émulsion naturelle obtenue par la trituration ou le broyage du corps entier pour la préparation du mucilage, et fait partie de ce produit. Pour s'en assurer, il suffit de traiter ce dernier, préalablement desséché, par l'acide azotique, de précipiter ensuite par le nitrate d'argent, et de passer le précipité insoluble dans l'ammoniaque. Les limnées et les paludines sont, de tous les mollusques examinés, ceux qui contiennent le plus de phosphore.

TROISIÈME POINT. — *De l'influence des conditions naturelles ou artificielles particulières sur la composition des mollusques.*

DU PARQUAGE.

« On ne devra pas, dans l'application thérapeutique, perdre de vue qu'il y a rapport entre l'iode des eaux et celui des animaux qui vivent dans ces eaux. »

Ces lignes déjà citées, écrites par M. le docteur Chatin, dans des travaux dont s'est inspiré mon travail, sont pleinement justifiées par les faits suivants :

IODE. — J'ai dosé comparativement des limnées prises, les unes dans les étangs de Ville-d'Avray, les autres dans un petit ruisseau du voisinage qu'alimente une source riche en fer et en iode ; or, les premières, celles de l'étang, étaient quatre fois moins iodurées que celles du ruisseau. La proportion du soufre était sensiblement la même dans les limnées des deux provenances. Mais, circonstance remarquable et bien propre à démontrer une certaine inaptitude physiologique dans ces animaux, je n'ai trouvé que des traces de fer dans les limnées de la source ferrugineuse, et celles de l'étang en contenaient tout autant; les coquilles seules des premières étaient plus chargées de fer.

Soufre. — Des dosages comparatifs du soufre dans des limnées, des paludines et des planorbes qui vivaient, les unes dans les eaux de l'un des canaux des environs de Paris, les autres dans un étang où se forment des sulfures par la réduction que font subir aux sulfates les matières organiques, ont établi que les animaux qui vivent dans l'eau sulfureuse contiennent au moins trois fois plus de soufre que ceux qui habitent des eaux courantes, dépourvues, ou à peu près, de sulfures.

De ces faits, il ressort bien clairement que la nature des eaux influe sur celle de leurs productions, et que, dans l'espèce, les limnées et les paludines s'étaient, par l'habitat dans des eaux naturelles et exceptionnellement sulfureuses ou iodurées, chargées de deux à quatre fois plus de soufre ou d'iode que les mêmes animaux des eaux ordinaires.

Mais si les mollusques ont acquis des qualités nouvelles ou, plus justement, ont développé exceptionnellement leurs qualités premières en vivant dans certaines eaux naturelles, n'est-il pas rationnel de penser que les mêmes résultats seront obtenus en les plaçant dans toutes conditions, même artificielles, se rapprochant de celles-là? Ne peut-on même espérer qu'on arrivera, par des expériences dont on est le maître de faire varier tous les termes, à des résultats plus tranchés encore que ceux rapportés plus haut?

L'affirmative ne paraît pas douteuse, quant à l'iode et au soufre; mais ne serait-il pas possible d'arriver à faire assimiler, en quantité notable, le phosphore lui-même, en le présentant aux mollusques, soit à l'état de dissolution dans l'eau, soit engagé dans certains corps organisés où il abonde ?

Toutes ces questions seront éclairées et résolues par le parquage dans des eaux iodurées, sulfurées et phosphorées, où le titre de chacun des éléments médicamenteux variera dans chaque expérience, ainsi que la durée du parquage.

Je ferai connaître, dans un supplément à ces recherches, l'ensemble de mes observations sur cette question. En attendant, il est acquis que les mollusques des eaux devront être préférés aux mollusques terrestres; que les limnées et les paludines seront en particulier préférées à cause de leur richesse en mucilage, iode, soufre et phosphore, c'est-à-dire par le privilége qu'elles ont d'offrir réunis, en abondance relative, tous les principes médicamenteux qui ne se rencontrent qu'isolément et en plus petites proportions dans la généralité des autres espèces aquatiques ; enfin, que ceux de ces animaux qu'on destinera à l'usage médical devront être recueillis exclusivement dans des eaux naturelles, reconnnes riches en iode et en soufre.

Ce que j'ai dit plus haut exclut toute idée de faire entrer dans les formules la chair, souvent indigeste et toujours inerte, des mollusques. Je ne m'en occuperai donc pas.

On se rappelle aussi que, des deux genres de mollusques, les Limnées et les Paludines, auxquelles ont doit donner la préférence sur les autres genres de la classe, les secondes sont plus riches en principes mucilagineux et devront être choisies pour la préparation d'un saccharolé, tandis que l'on devra préférer les Limnées quand il s'agira d'un sirop, justement parce qu'étant un peu moins mucilagineuses, elles donneront un produit plus agréable et tout aussi efficace.

Nous pensons que deux préparations suffiront pour remplir toutes les indications désirables, au double point de vue de l'efficacité et du goût. Ces deux préparations sont un sirop et un sacchaloré dont voici le *modus faciendi :*

Saccharolé de Paludine.

Prenez chair de Paludines parquées......   500 grammes.
Eau............................   2000   —
Sucre aromatisé   4000   —

Coupez la chair en petits morceaux, battez vivement pendant une demi-heure, exprimez et faites sécher la partie musculaire, pulvérisez-la grossièrement à l'aide d'une petite quantité de sucre, placez le produit dans l'appareil à déplacement, épuisez avec l'alcool à 90 degrés, distillez pour recueillir votre alcool, et mélangez l'extrait avec le mucilage ; ajoutez le sucre préalablement pulvérisé, faites sécher à l'étuve et renfermez le saccharolé, ainsi obtenu, dans des flacons en verre bleu bien bouchés.

Cette préparation est très-agréable au goût et se conserve, sans altération, indéfiniment; elle contient tous les principes utiles des Limnées.

Sirop pectoral de Paludéine.

Paludéine obtenue avec la chair de Limnées.......... 1 kilog.
Sucre aromatisé............................... 1 —
Faites selon l'art.

Du parquage médicamenteux.

On se rappelle que les anciens pratiquaient le parquage au point de vue alimentaire, dans le but de rendre la chair des limaçons plus grasse et plus sapide.

On vient de voir que, dans les eaux naturellement plus riches en iode et en soufre que les eaux communes, les mollusques avaient assimilé des proportions de soufre et d'iode notablement plus considérables que lorsqu'ils vivent dans ces dernières eaux.

Il me reste à exposer les résultats d'expériences faites dans des milieux médicamenteux, résultats que la pratique des anciens et les observations qui viennent d'être rapportées font déjà prévoir, quant à leur signification générale.

Les mollusques choisis pour les expériences sont les limnées et les paludines, que des recherches antérieures indiquaient suffisamment, en raison d'une aptitude spéciale à concentrer les matières auxquelles doit être rapportée leur action physiologique et médicale. Les matières ajoutées au milieu artificiel sont, les unes de nature minérale, les autres d'origine organique.

Toutes les expériences ont été faites dans de grands bassins de bois, contenant de l'eau et, sous celle-ci, une couche de terre dans laquelle étaient plantés les végétaux aquatiques (callitriche, potamogeton nageant, petite berle, renouée amphibie), que les paludines et les limnées recherchent de préférence. A ces végétaux ont été ajoutées, pour des expériences données, certaines espèces médicamenteuses.

Il est évident que la somme des matières assimilées par les animaux en expérience devra être rapportée : 1° à la portion de ces matières dissoute dans l'eau et absorbée directement avec celle-ci ; 2° à la portion préalablement absorbée par les végétaux dont les mollusques se sont nourris.

1re SÉRIE. — *Matières minérales.*

J'ai examiné l'influence du parquage des limnées et des paludines en présence de l'iode, du soufre, du phosphore, du fer, du manganèse, de l'arsenic, de l'antimoine et du mercure.

1° *Iode.* — L'eau des bassins a été additionnée de 0,00001 d'iodure de potassium par litre d'eau ou de $\frac{1}{100000}$ de son poids, et maintenue sensiblement à ce rapport d'ioduration. Après 2 mois, l'analyse indiquait à peu près 3 centigr. d'iode pour 100 grammes de mollusques; après 4 mois, 4 centigrammes; après 6 mois, 5 centigrammes ; après 8 mois, à peine plus de 5 centigrammes.

Dans une expérience parallèle, dans laquelle l'eau avait été chargée de 2 centigrammes d'iode par litre d'eau, les mollusques contenaient dès le commencement du cinquième mois 5 centigrammes d'iode pour 100 grammes de leur chair; mais, à partir de ce moment, ils restèrent stationnaires.

De ce qui précède il ressort qu'une certaine ioduration des mollusques ne peut guère être dépassée par le parquage, quelle que soit l'ioduration de l'eau. Le rapport entre la nature de l'eau et celle des animaux qui y vivent aurait donc pour limite un certain état d'ioduration de ces derniers que l'on peut regarder comme leur état de saturation. On a vu, d'ailleurs, que cet état est atteint plus vite dans l'eau à $\frac{1}{50000}$ que dans celle à $\frac{1}{100000}$ d'iodure.

J'ai voulu savoir ce qui arriverait aux limnées et aux paludines contenant 5 centigrammes d'iode pour 100 grammes, si on les mettait à vivre dans une eau ordinaire. Or, le résultat de l'expérience a été qu'au bout d'un an ces mollusques ne retenaient plus que $\frac{1}{5}$ de l'iode qu'ils avaient absorbé dans la première phase de l'expérience.

2° *Soufre.* — Dans une eau additionnée de $\frac{1}{100000}$ de monosulfure de calcium (obtenu par la réduction du plâtre), les mollusques contenaient de plus que les mollusques venus dans l'eau commune, après 2 mois, 6 centigrammes de soufre pour 100 grammes; après 4 mois, 9 centigrammes; après 6 mois, 11 centigrammes.

Dans une eau mêlée de $\frac{1}{50000}$ de sulfure, les mollusques prirent, en 6 mois, 14 centigrammes de soufre; en 15 mois, 20 centigrammes.

Pour le soufre, le rapport entre l'état des eaux et celui des animaux s'est donc continué au delà d'une année. Sans doute qu'il y a aussi une limite de saturation quant au soufre; mais cette limite est à période beaucoup moins courte que par l'iode ; sur ce point, l'expérience se continue.

3° *Iode et soufre.* — En réunissant dans les mêmes bassins les composés iodurés et sulfogènes observés isolément dans les expériences qui précèdent, on constate que, dans ces conditions nouvelles, il suffit de quatre mois pour que les mollusques fixent autant d'iode qu'ils en fixaient en six mois, quand le corps n'était pas accompagné de sulfure. Quant au soufre, il ne m'a pas paru qu'il fût assimilé plus rapidement que lorsqu'il est donné seul.

Peut-être expliquera-t-on comment la présence du soufre hâte l'absorption de l'iode, par les lignes suivantes que j'emprunte aux recherches de M. le professeur Chatin : « L'iode des eaux douces « s'en échappe continuellement pour s'élever avec leurs vapeurs « dans l'atmosphère ; mais la présence de l'acide sulfhydrique (ou « d'un sulfure (pouvant donner naissance à celui-ci) s'oppose absolu- « ment à la déperdition de l'iode, de l'acide iodhydrique et des « iodures se régénérant tant qu'existe une parcelle de gaz sulfhy- « drique ou de sulfure décomposable..... Voilà pourquoi toutes les « eaux sulfureuses, même celles fortement calcomagnésiennes « d'Enghein et de Pierrefonds, sont iodurées. »

4° Phosphore. — Afin de rendre le phosphore facilement assimilable, tant par les plantes dont les mollusques devaient se nourrir que directement par ces derniers, j'ai additionné l'eau des bassins d'un mélange de phosphate de chaux des os (deux parties), terreau (dix parties), silicate soluble de potasse (une partie) ; de petites quantités de ce dernier corps étaient ajoutées tous les dix jours. (Inutile de dire que le phosphate devait fournir le phosphore assimilable, que l'humus devait jouer le rôle d'assimilateur en produisant de l'acide carbonique, enfin que le silicate soluble a ici un rôle complémentaire de celui de l'acide carbonique). Au bout de six mois, le phosphore de la substance des ganglions nerveux était sensiblement en proportion double de celle de l'état normal, en même temps que ce corps était très-appréciable dans la chair ; enfin, il existait en quantité notable (3 à $\frac{4}{100}$) dans les coquilles. Ce dernier fait surprendra d'autant moins que M. Gobley, plus heureux que tous ses devanciers, a constaté, dans ces derniers temps, la présence des phosphates dans le test des Hélix.

Après une année de régime phosphoré, la proportion du phosphore s'était encore accrue dans le test ; mais elle était restée stationnaire dans le corps des animaux.

5° Iode, soufre et *phosphore* réunis. — Les résultats sont sensiblement ceux des expériences 3° et 4° pris ensemble : le phosphore est absorbé en même temps que l'iode et le soufre, sans agir sur le degré d'absorption de ces corps, mais sans subir une influence quelconque de leur part.

6° Arsenic. — De l'acide arsénieux ajouté à la dose de $\frac{1}{100000}$ dans l'eau des bassins n'altère en rien la santé des mollusques. Après deux mois d'expériences, il suffit de carboniser 20 grammes de chair (préalablement exactement lavée, bien entendu) pour avoir des taches par l'appareil de Marsh. Après six mois, la proportion d'arsenic est telle que 10 grammes de chair donnent à peu près autant de métal que les 20 grammes de l'expérience précédente.

7° *Antimoine, émétique.* — Les résultats sont les mêmes qu'avec l'arsenic.

8° *Fer*, *protosulfate* et *carbonate*, mêlés à de la tourbe.—Après six mois, l'absorption par le corps des animaux est à peine sensible. On trouve au contraire que le test est devenu par places sur les couches extérieures très-ferrugineux.

9° *Manganèse.* — $\frac{1}{100000}$ de sulfate mêlé à de la tourbe. Après trois mois, le corps des animaux contient une quantité très-appréciable de manganèse ; le test est fortement manganésifère.

10° *Mercure.* — L'addition à l'eau des bassins de $\frac{1}{100000}$ de sublimé corrosif altère la santé des limnées et des paludines ; à la dose de $\frac{1}{300000}$, l'action toxique est nulle. Après trois mois, on trouve dans le corps des animaux une quantité minime, mais très-appréciable de mercure ; après six mois, la proportion de métal ne paraît pas avoir sensiblement augmenté. Le cyanure de mercure a fourni des résultats analogues ; toutefois, son action toxique est plus faible que celle du sublimé.

2me Série. — *Parquage avec matières organiques.*

1° L'eau des bains a été additionnée avec $\frac{1}{50000}$ d'opium contenant 10 °/ₒ de morphine à l'état de méconat. Après 3 mois, les mollusques ont donné des indices certains de morphine. Pour la recherche de celle-ci, j'ai traité les mollusques par l'alcool bouillant, évaporé, repris par l'acide chlorhydrique très-étendu, sursaturé par l'ammoniaque, évaporé de nouveau, et fait agir sur le résidu l'acide iodique et l'amidon, qui ont produit une coloration bleue ; le perchlorure de fer, qui a déterminé une teinte bleu clair, indiquant que l'acide méconique avait été détruit dans l'acte de l'assimilation; l'acide azotique qui a formé instantanément une belle couleur rouge. Je n'ai pu d'ailleurs recueillir la morphine cristallisée.

2° *Belladone.* — $\frac{1}{50000}$ d'extrait de belladone a été ajouté à l'eau ; en outre, j'ai planté, à divers reprises dans le bassin, de jeunes pieds et des rameaux de belladone dont un assez grand nombre de feuilles étaient attaquées.

Après 3 mois, recherches inutiles pour constater chimiquement la présence de l'atropine ; mais action très-manifeste sur la pupille de l'extrait hydroalcoolique obtenu des mollusques, et intoxication d'un jeune chat auquel nous avions donné 8 grammes de cet extrait.

Je n'ai pas poussé plus loin mes expériences avec les matières organiques, les résultats que des recherches continuées plus long-temps dans cette direction auraient fournis n'étant pas en rapport avec les difficultés et la lenteur du travail.

Il est d'ailleurs facile de prévoir, par les résultats des expériences précitées, que la plupart des substances du régime organique pourront, comme les matières minérales, être absorbées par les mollusques.

Aux physiologistes et aux médecins il appartient maintenant de voir quel parti on pourra retirer, pour l'affermissement de la santé ou la cure des maladies de l'homme, de l'absorption préalable, par certains mollusques possédant naturellement des propriétés utiles, des agents qu'ils emploient chaque jour comme les plus sûrs et les plus actifs modificateurs de l'économie. Pour moi, je serais heureux de contribuer aux observations cliniques en mettant à la disposition des praticiens qui m'en exprimeront le désir les produits préparés avec des limnées et des paludines ayant parqué de six mois à un an dans des bassins dont les eaux sont entretenues constamment chargées d'agents médicamenteux, notamment d'iode, de soufre, de phosphore et d'opium, ce dernier corps en proportions très-minimes, car les mollusques s'en saturent avec une facilité extrême.

PARIS. — IMP. A. HENRY NOBLET, RUE DU BAC, 30.

9 782019 258122